1er avril 1853.

CATALOGUE
D'UNE COLLECTION
D'OBJETS D'ART
DE CURIOSITÉS,
ET DE TABLEAUX,

TELS QUE

Porcelaines de Chine et du Japon, en qualités rares,
Émaux sur cuivre, de la Chine, Jades travaillés, Laques du Japon,
Émaux de Limoges, Ivoires sculptés,
Armes Orientales et Européennes, du 16e siècle,
Armes de sauvages,

QUELQUES BONS TABLEAUX
DES ÉCOLES
FRANÇAISE, FLAMANDE, ITALIENNE ET ESPAGNOLE,

DONT LA VENTE AURA LIEU

HOTEL DES VENTES MOBILIÈRES,

RUE DES JEUNEURS, 42,
Salle n. 3,

LES VENDREDI 1er ET SAMEDI 2 AVRIL 1853,
heure de midi,

Par le ministère de Me **BONNEFONS DE LAVIALLE**,
Commissaire-Priseur, rue de Choiseul, n. 11,
Et Me **MONY**, Commissaire-Priseur, rue Montmartre, n. 52,
Assisté de M. **ROUSSEL**, Expert, rue du Dragon, n. 33.
Chez lesquels se distribue le présent Catalogue.

Exemplaire de Beurdeley père

EXPOSITION PUBLIQUE

Le Jeudi 31 Mars 1853, de midi à 4 heures.

—

1853

[Bailleul]

ORDRE DES VACATIONS.

Le Vendredi 1er Avril.
Curiosités et Armes.

Le Samedi 2 Avril.
Le restant des Curiosités et les Tableaux.

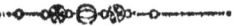

CONDITIONS DE LA VENTE

Elle sera faite au comptant.

Les acquéreurs paieront, en sus des adjudications, cinq pour cent applicables aux frais.

DÉSIGNATION DES OBJETS.

TABLEAUX.

LUCAS DE LEYDE.

1 — Vierge au clocher. Tableau très-fin du maître.

ALBERT DURER.

2 — Le Christ livré par Judas. Remarquable d'expression et de coloris.

ALDEGRAAF.

3 — Le Lavement des mains. Original et plein de caractère.

CARRACHE (École de Annibal).

4 — La Madeleine.

ROTTENHAMER (Jean).

5 — La Vierge au rocher.

RAPHAEL et JULES ROMAIN.

6 — L'Enfant-Jésus s'appuie gracieusement contre sa mère.

PALAMÈDE et PETER NEEFS.

7 — Riche intérieur Louis XIII; personnages jouant au tric-trac. Signé Palamède.
L'une des plus belles toiles de ces maîtres.

GUIDE (ÉCOLE DU).

8 — Tête de Vierge.

RUBENS.

9 — Cette tête d'homme, qui provient de la galerie du comte de Robiano, à Bruxelles, a toujours été reconnue comme étant de Rubens.

FRANK (FRANÇOIS).

10 — Moïse sauvé des eaux.
11 — La Manne dans le désert.

Ces deux tableaux sur pierre translucide, faisant pendants, sont richement bordés de cuivre avec écussons de jaspe sanguin et de lapis lazuli. Ils ont appartenu au cardinal Mazarin, à Beaumarchais, etc.

12 — Le Dimanche des Rameaux. Sur cuivre.
13 — *Peinture sur verre.* L'Arrivée des rois Mages.

Ces deux dernières peintures sont encadrées dans de riches bordures d'écaille.

DE HEM (David).

14 — Fruits dans un bol du Japon et alentour. Signé.

POELENBURG (Corneille).

15 — Un Satyre et une Nymphe dansant dans un paysage.

POUSSIN (Nicolas).

16 — L'Ascension. Esquisse.

JOUVENET (Jean).

17 — Descente de croix. Ce tableau, esquisse du chef-d'œuvre du Musée, vient de la galerie de M. Denon.

CLAUDE LORRAIN (genre de).

18 — Petit paysage ovale. Effet de lumière.

SALVATOR ROSA.

19 — Saint Jérôme. Large et noble peinture.

MURILLO.

20 — Joseph et l'Enfant-Jésus.

ZURBARAN.

21 — Un Moine à genoux.

BERGHEM (d'après).

22 — Épisode principal du grand tableau du Louvre.

BERCKEYDEN et BOUDEWYNS.

23 — Vue de la colonne Trajane et de l'église Sainte-Marie-de-Lorette, à Rome; répétition variée et non moins brillante du tableau du Louvre. Petits personnages remarquables de grâces et de couleur. Signé Berckeyden, 1690.

24 — Vue d'une autre place de Rome. Pendant du premier.

BERSTRATEN.

25 — Vue d'une ville flamande sur le bord d'un fleuve.

ORIZZONTE.

26 — Paysage orné de fabriques, animé d'animaux et riche de lumière.

MICHEL-ANGE DES BATAILLES.

27 — Deux tableaux de fruits; provenant de la galerie du cardinal Fesch.

DIÉTRICK.

28 — Diane et ses Nymphes surprises au bain par Actéon. Ciel de feu.

PANNINI.

29 — Restes d'antiques monuments.

WATTEAU (Antoine).

30 — Le Menuet.

31 — Arlequin et Colombine.

ÉCOLE FRANÇAISE.

32 — Portrait de la mère des trois derniers rois de France : Marie de Saxe, Dauphine en 1767. Perfection du portrait.

VERNET (Joseph).

33 — Bords de mer : pêcheurs, vaisseaux et phare.

LAURENT DE LAHYRE.

34 — Paysage d'un ton doux et harmonieux.

DESPORTES (François).

35 — Nature morte. Un chien blanc près d'un héron.

CHARDIN.

36 — Fantaisie. Objets d'art, porcelaine, meubles, musique.

FRAGONARD.

37 — Le Sacrifice d'Iphigénie.

HUBERT ROBERT.

38 — Le Denier de Bélisaire. Dans son cadre italien. Signé de 1787. Sujet du concours avec David.

RAOUX.

39 — Une jeune fille qui lit.
40 — Une jeune fille qui coud.
      Pendants.

GREUZE (D'APRÈS).

41 — Le gâteau des Rois.
42 — Le Retour de la chasse.
>Charmantes copies de deux chefs-d'œuvre bien connus, faisant pendants.

DUCIS.

43 — Marie Stuart à son piano.
>On sait que ce gracieux tableau est gravé.

VOLMAR (J.)

44 — Chasse du chevreuil.
45 — Attaque de l'ours.
>Deux pendants signés de 1825.

AKKERSDYK.

46 — Le Cavalier et la fille de l'auberge. Finesse et gentillesse. Signé 1841.

MICHAU.

47 — Le Matin. Une clairière au bord de l'eau.
48 — Le Soir. Une route à l'entrée d'un bois.
>Pendants.
49 — Halte de cavaliers.

CASSAS.

50 — Vue de Sicile. Gouache.

PORCELAINES DE LA CHINE ET DU JAPON.

51 — Deux beaux vases en porcelaine de Chine à dessins camaïeux bleus rehaussés d'or, représentant des paysages et des fleurs.

52 — Fontaine à thé à trépied en porcelaine de Chine, ornée de figures et de fleurs en relief.

53 — Deux grands vases en porcelaine céladon, à mandarins et bouquets de fleurs disséminés sur le fond.

54 — Deux beaux vases en porcelaine de Chine dite coquille d'œuf, ornés de cartouches et de médaillons à sujets de mandarins avec entourages de fleurs dessinées en bleu et rehaussées d'or; porcelaine très belle de qualité.

55 — Vase forme bouteille en porcelaine céladon bleu clair, décoré de fleurs d'un bleu plus foncé.

56 — Beau vase céladon à dessins gauffrés, monture à deux anses, rocaille en cuivre en couleur.

57 — Aiguière en porcelaine céladon, laquée en rouge à dessins d'or et d'argent.

58 — Cornet en terre émaillée de la Chine imitant une tige de bambou, sur socle en bois de fer sculpté.

59 — Joli cornet en porcelaine céladon à dessins gauffrés, d'une forme très élégante, sur socle en bois de fer sculpté.

60 — Deux jolis petits saladiers en porcelaine du Japon richement décorés sur pieds rocailles en cuivre doré.

61 — Vase en porcelaine d'ancien craquelé, belle qualité, ornements en relief émaillés en brun.

62 — Vase de forme basse avec couvercle en porcelaine de Chine, décoré de fleurs.

63 — Bouteille en terre émaillée de la Chine, craquelé vert, le col est orné d'un dragon en relief; pièce rare, sur socle en bois sculpté.

64 — Grand et beau plat en porcelaine du Japon, du plus beau décor, rehaussé d'or.

65 — Autre beau plat du Japon, décoré de fleurs.

66 — Grand bol à mandarins sur fond rouge et or.

67 — Sucrier à couvercle en porcelaine du Japon, imitant une fleur; monture rocaille en cuivre doré.

68 — Deux théières en porcelaine de Chine imitant un fruit entouré de fleurs.

69 — Deux autres théières en terre boccaro rouge, décorée de fleurs et de papillons émaillés en belles couleurs variées.

70 — Une théière en porcelaine blanche de Chine, décorée de fleurs en relief émaillées en couleur.

71 — Une autre semblable, avec plateau très riche d'ornements.
72 — Deux théières en terre de boccaro, l'une rouge unie, l'autre grise décorée de fleurs.
73 — Joli petit bol en céladon craquelé, d'une couleur très remarquable, sur pied élevé en bois sculpté.
74 — Plateau rond en céladon gris bleuâtre, craquelé, sur pied en bois sculpté découpé à jour.
75 — Plateau rond en céladon rouge craquelé, qualité rare, sur pied en bois sculpté.
76 — Six tasses avec leurs soucoupes en porcelaine de Chine, décorées de fleurs.
77 — Huit autres tasses en porcelaine du Japon.
78 — Quatre très belles assiettes en porcelaine de Chine dite coquille d'œuf, décorées dans le fond de sujets mandarins; les bords sont ornés de dessins à quadrilles sur fonds lilas, bleu clair et vert.
79 — Deux compotiers en porcelaine de Chine, d'un décor très riche.
80 — Deux autres compotiers festonnés en porcelaine du Japon.
81 — Deux compotiers et un petit plat en porcelaine du Japon d'un beau décor rehaussé d'or.
82 — Espèce de bidon à anse surélevée en porcelaine de Chine, décoré de fleurs.

83 — Jolie bouteille en porcelaine céladon vert bronze ; qualité rare.

84 — Petit vase en porcelaine céladon, brun moucheté de jaune ; qualité rare.

85 — Bassin en porcelaine de Chine céladon, décoré de fleurs.

86 — Une aiguière et deux crachoirs en porcelaine de Chine, décorés de fleurs.

87 — Tasse à six pans, porcelaine de Chine, fond jaune à dessins verts et deux petits crachoirs en porcelaine blanche, décorée de fleurs.

88 — Beurrier en porcelaine de Chine, forme carpe.

89 — Tabatière en porcelaine de Chine, décorée de sujets mandarins avec entourages à dentelles d'or ; monture en argent.

90 — Jolie théière en porcelaine de Chine, ornée de rosaces en relief à jour, l'anse et le goulot sont formés par des animaux chimériques.

91 — Quatre pièces en porcelaine de Chine, boîtes à savonnettes et vase à parfums ; les ornements sont en relief.

92 — Vase à parfums en porcelaine de Chine, fond jaune à dragons émaillés en vert, pied et couvercle en bois de fer sculpté.

93 — Deux vases à parfums en porcelaine blanche sur pied en bois sculpté.

94 — Quatre pièces en porcelaine de Chine, très fines de qualité, dont deux tasses et leurs soucoupes à mandarins.
95 — Sucrier en porcelaine de Chine, décoré de figures et de fleurs.
96 — Deux compotiers en porcelaine de Chine avec montures rocailles en cuivre eu couleur.

ÉMAUX DE CHINE.

97 — Beau bassin émaillé sur cuivre, fond bleu clair décoré de fleurs émaillées en bleu foncé et rouge rehaussées d'or.
98 — Plateau à quatre lobes, fond bleu, décoré de fleurs.
99 — Plateau garni de quatre petits vases et d'un flacon, le tout richement décoré de fleurs sur fond blanc.
100 — Crachoir avec plateau, décorées de fleurs et de figures chinoises.
101 — Écritoire, émail fond blanc, décoré de figures et de fleurs.
102 — Jolie petite coupe à deux compartiments, bel émail bleu clair, décoré de fleurs.
103 — Vase très curieux en émail cloisonné, offrant des dessins différents sur les faces opposées et n'ayant point de lame de cuivre intermédiaire.

OBJETS DIVERS.

104 — Une belle théière en jade gris-verdâtre entièrement ornée de fleurs et de signes symboliques en relief, l'anse et le goulot pris dans la masse.

105 — Jolie coupe en jade vert clair à deux anses formées par des dragons évidés et pris dans la masse. Très beau travail.

106 — Très belle théière en argent repoussé et ciselé ; elle est de forme très élégante, et offre sur chacune de ses six côtes des bas-reliefs représentant des branches de fleurs et des oiseaux dont les détails sont dorés. Cette pièce rare est d'un travail analogue à celui des bronzes Tonquin. Le couvercle est surmonté du chien de Foë ; l'anse et le goulot imitent des tiges de bambou.

107 — Un grand guéridon chinois en laque, décoré de peintures très fines sur fond doré ; très belle et rare pièce.

108 — Un grand écran chinois en pierre de lard, avec figures d'applique formant bas-relief, dans sa monture et sur son pied en bois sculpté à jour.

109 — Un brûle-parfums en bronze chinois, ayant la forme peu commune d'un homard.

110 — Un tam-tam chinois.
111 — Une boîte de nécessaire en laque de Chine, de forme octogone, à sujets coloriés sur fond d'argent, riche et élégante.
112 — Deux grandes figures chinoises, jeunes garçons, en terre peinte.
113 — Boîte à pastilles, en filigrane d'argent doré de la Chine, d'un travail très fin.
114 — Boîte carré-long, avec plateau à l'intérieur, en laque du Japon, couleur bronze, à dessins d'or faisant relief. Très belle qualité ancienne.
115 — Deux petits plateaux ronds, en laque du Japon, fond noir à dessins d'or.
116 — Petit plateau de forme contournée, laque du Japon, fond noir à dessins d'or.
117 — Deux plaques carrées en laque de Japon, belle qualité ancienne, fond noir, avec figures en forte saillie.
118 — Deux bols avec couvercles en laque vert, à dessins d'or, rouges à l'intérieur.
119 — Deux petits vases en pâte de riz, imitant le jade.
120 — Théière en étain, recouverte en vannerie de bambou, et une petite coupe en métal chinois.
121 — Deux vases et cinq coupes en terre légère, avec ornements coloriés, du Pérou. Cet article sera divisé

122 — La soupière de campagne de Napoléon, en porcelaine de Sèvres, avec son chiffre.

123 — La face de Napoléon, moulée à Sainte-Hélène par le docteur O'Méara, en bronze, avec le cachet.

124 — Une cheminée en faïence allemande du XVI° siècle, émaillée en vert et ornée de bas-reliefs représentant des figures, des mascarons et des arabesques d'un très beau style.

124 bis. — Une plaque ronde en brèche universelle.

125 — Une boîte d'échantillons de porphyres.

125 bis. — Grand masque, tête de Méduse, en marbre blanc.

126 — Un fût de colonne en bois peint.

127 — Haut-relief en terre cuite représentant la marche de Silène, style de F. Flamand, avec date 1651. Très bon travail.

128 — Buste de Christ, en marbre blanc, avec chlamide en marbre vert antique.

129 — Grande canette à bière flamande, en grès brun, à ornements émaillés, avec les figures du Christ et des apôtres, émaillées en couleur.

130 — Deux gobelets en verre rouge de Bohême et une bouteille forme gourde en verre.

131 — Un peigne en bois sculpté et découpé à jours, avec ornements en ivoire gravé. Travail du XVI° siècle.

132 — Un triptyque de style italien, en émail de Limoges, très belle pièce à peintures coloriées, sujets de sainteté.
133 — Un très grand Christ en ivoire, d'un travail allemand ancien, sur croix en bois noir.
134 — Un petit crucifix en ivoire, sur croix en bois noir, d'un travail très fin.
135 — Un petit crucifix en bois de poirier, sculpture très terminée, sur croix en bois noir.
136 — Une croix en filigrane d'argent avec Christ, travail ancien.
137 — Une épingle de tête en filigrane d'argent.
138 — Un vase en argent repoussé, travail oriental ancien, à col tordu et recourbé ; la panse du vase est ornée de cartouches renfermant des animaux.
138 bis. — Un petit lion en argent natif.
139 — Un grand plateau à godrons en sardoine.
140 — Trois petits dessus de table décorés d'échantillons de bois rares étrangers.
141 — Trois petites boîtes en acajou formant pupitre.
142 — Deux Pères de l'Eglise, statuettes en bois ; un moine, ébauche curieuse en bois ; et un saint en ivoire, ancien travail.
143 — Une petite boîte représentant une corbeille de fruits, en ivoire finement sculpté, du temps de Louis XV.

144 — Meuble bonheur du jour, en bois de palissandre, faisant bureau et armoire vitrée.
145 — Petite armoire en bois d'acajou, à une porte pleine.
146 — Petit meuble faisant toilette, avec psyché rentrante, en acajou.

ARMES
ANTIQUES.

147 — Une épée gallo-romaine en bronze, trouvée dans le Rhône.
148 — Un poignard en bronze.
149 — Cinq lances variées, romano-africaines, dites aujourd'hui zagaies.

CHINE ET JAPON.

150 — Petit sabre ou couteau de chasse, avec poignée et garniture de fourreau en bronze Tong-Kin, à ornements en relief et damasquinés d'or dans les fonds ; la lame est découpée à jour.
151 — Une épée chinoise à lame droite, poignée en corne et fourreau en écaille garni en cuivre ciselé.

152 — Autre épée chinoise à double lame droite, poignée en ébène et fourreau en écaille garni en cuivre, dont les Chinois s'arment les deux mains.

153 — Un sabre, monture et fourreau européens, dont la lame porte quatre caractères chinois, qui signifient : des éléphants, de la cavalerie, des chars, de l'infanterie.

154 — Un fusil chinois, à mèche ; monture en bois peinte en rouge.

155 — Deux instruments d'exécution à deux mains, chinois. La hampe de l'un est garnie en velours rouge, et l'autre en vannerie.

156 — Un sabre d'exécution japonais, dans son fourreau à jour, en bois décoré de dorure et de peinture.

157 — Un fauchard japonais, la hampe, en bois laqué rouge et noir, est ornée de viroles en cuivre.

ILES DE L'ASIE.

158 — Une sarbacane dont l'extrémité est armée d'une lance, à laquelle est attaché un petit carquois contenant les dards.

159 — Trois poignards à lame courbe dans leurs gaînes.

160 — Trois grands clévans, dont un est garni de mèches de chevelure humaine.

161 — Un petit clévan Javanais, à lame droite, en damas, poignée et fourreau en argent repoussé.

162 — Deux autres petits clévans, l'un avec poignée en cuivre et fourreau garni de torsades en cuivre ; l'autre à poignée et fourreau en bois.

163 — Un kris malais à lame cannelée en damas, avec incrustations en or, poignée et fourreau en bois veiné.

164 — Un kris malais à lame droite en damas ronceux, poignée à tête d'oiseau finement sculptée, avec virole en argent niellé, fourreau en bois et double fourreau en cuivre rouge.

165 — Un kris malais à lame flamboyante, richement ciselée et dorée, la poignée en ivoire sculpté représente une divinité du pays, fourreau en bois.

166 — Un kris malais à lame droite, en damas ronceux, la poignée à tête d'oiseau en ivoire sculpté, et fourreau en bois.

167 — Deux kris malais à lame droite et poignée en damas ciselé, représentant des divinités du pays, fourreau en bois et double fourreau en cuivre. Ces armes sont très rares.

168. — Un kris malais à longue lame droite, incrustée d'ornements en cuivre, poignée sculptée et fourreau en bois.

169 — Un autre kris malais à longue lame flamboyante, ornée d'incrustations en cuivre et de découpures vers le talon de la lame, poignée et fourreau en bois.

170 — Un kris malais à longue lame droite en damas noir, poignée en ébène et fourreau en bois jaune.

171 — Deux kris à lames flamboyantes, en damas ronceux, avec viroles en cuivre, poignées à têtes d'oiseaux et fourreaux en bois.

172 — Trois kris malais à lames flamboyantes, en damas, avec viroles en cuivre, poignées de formes variées et fourreaux en bois.

173 — Un kris malais à lame flamboyante en damas noir, le fourreau et la poignée en bois, avec double fourreau en cuivre repoussé.

174 — Deux autres kris malais à lames flamboyantes, poignées et fourreaux en bois, avec doubles fourreaux en cuivre.

175 — Deux kris malais à lames flamboyantes, en damas, poignées et fourreaux en bois.

176 — Un grand kris de Java à longue lame flamboyante, avec poignée et fourreau en ébène, garnis en argent.

177 — Deux kris malais à lames droites, avec fourreaux et poignées en bois sculpté, dont une en forme de tête d'oiseau.
178 — Deux autres kris malais à lames droites en damas, à larges ronces, poignées et fourreaux en bois.
179 — Deux kris à lames droites en damas, poignées et fourreaux en bois, dont un décoré de peintures.

INDES ET PERSE.

180 — Armure indienne, composée d'une cotte à maillons rivés et estampés avec collet et parements pour la fermer sur la poitrine, en velours rouge bordé d'un galon en soie verte et fil d'or, piqué de clous dorés, formant une longue inscription d'un bonnet en mailles simples, de quatre plaques faisant plastron autour du torse, et de deux brassards; les unes et les autres en damas ornées de riches bordures d'ornement damasquinées d'or, d'un très beau travail.
181 — Une pièce d'armure qui paraît être le frontal soit d'un cheval, soit plutôt d'un éléphant, en cuivre, portant la marque d'un poinçon indien.

182 — Une riche et élégante lance indienne, en fer, à lame triangulaire, la hampe entièrement plaquée en argent. Pièce très rare.

183 — Un djérid indien, deux javelots en fer avec ornements incrustés en argent, contenus dans un même fourreau en velours rouge brodé en fin. Pièce très rare.

184 — Hache d'arme indienne, dont la lame et la hampe sont en fer plaqué d'argent doré et chargées de riches ornements gravés.

185 — Grand et beau kris de l'Inde, à lame en damas gris uni, et belle poignée à deux branches en fer plaqué d'argent doré, richement orné de gravures.

186 — Deux sabres indou-mogols, avec poignées en fer damasquinées d'or.

187 — Deux autres sabres indiens, l'un avec poignée en fer damasquinée d'or, et l'autre avec poignée en cuivre.

188 — Un couteau oriental, à manche d'ivoire, le fourreau en velours rouge est garni en argent.

189 — Un fusil indien, à mèche, le canon orné de cannelures et de ciselure avec inscription, Un arc indien et ses flèches; couverts d'ornements de couleurs variées et or.

190 — Un yatagan persan, dont la lame a le dos orné de filets très fins, d'un travail qui se rencontre rarement; elle porte un cartou-

che damasquiné d'or, contenant une inscription. Le fourreau en velours rouge est presque entièrement recouvert d'une garniture en vermeil; la poignée est également en vermeil ciselé et ornée sur le méplat du pommeau d'un saphir bleu clair, au milieu d'un grand nombre de roses de différentes dimensions.

MOYEN-AGE ET TEMPS PLUS MODERNES.

191 — Un sabre à lame en damas gris ronceux, chargée d'ornements et d'incriptions arabes, dont l'une indique l'année 228 de l'hégire, 814 de notre ère, première année du magnifique règne d'Almamoun, fils d'Aaroun-al-Raschid. La poignée et le fourreau garnis en argent ciselé sont ornés d'arabesques.

192 — Un yatagan à lame en damas gris, poignée en ivoire, garnie en argent, et fourreau entièrement repoussé.

193 — Un yatagan avec fourreau et poignée en argent ciselé, incrusté d'ornements niellés avec une inscription grecque.

194 — Un yatagan, poignée en corne de rhinocéros. La lame porte des inscriptions gravées en arabe. Le fourreau en cuir est garni en argent.

195 — Un casque très ancien, tout couvert d'ornements damasquinés d'or, dont une inscription arabe en bandeau. Il est muni de sa maille en fer à maillons rivés.

196 — Une très belle cotte de mailles à collet renforcé à maillons rivés; très belle et rare pièce d'armure.

197 — Un fusil-tromblon turc, dont la monture est très richement incrustée de nacre de perle et garnie en argent, très belle arme.

198 — Un étendard turc, dit queue de cheval, et trois queues de pacha, en crins rouges, avec boules en cuivre doré. Ces pièces sont extrêmement rares.

199 — Un très beau casque en fer repoussé, avec sujets représentant des travaux d'Hercule. Le cimier, la visière et le collet sont chargés de trophées d'armes et de bustes d'hommes. Le tout d'un beau caractère.

200 — Un bouclier en fer repoussé, orné d'un très beau bas-relief représentant un combat devant une ville fortifiée. Au dernier plan on voit, sur un nuage, la Victoire tenant une branche de laurier. Très belle pièce d'armure.

201 — Très forte épée à garde, de forme ancienne et pommeau en fer découpé à jour.

202 — Autre forte épée allemande.

203 — Claymore écossaise à garde découpée à jour.
204 — Une épée à deux mains, à lame flamboyante, du XVIe siècle.
205 — Charmant petit modèle d'armure à cheval, en acier poli, représentant un chevalier du temps de Maximilien.
206 — Quatre autres très jolis petits modèles, représentant des armures en pied de chevaliers, des diverses formes du XVIe siècle.
207 — Diverses armes, telles que masses et marteaux d'arme, poignards, poires à poudre, etc., etc., seront vendues par lots.
208 — Grands et petits sceptres sauvages, élégamment sculptés, casse-têtes, boucliers peints et autres, piques et lances de douze pieds de long et autres armes garnies de dents de requin, arcs, flèches pour la guerre, la chasse au castor, pagaies, pipes, chaussures, presses à manioc et autres ustensiles.

Ce lot sera divisé.

209 — Une petite momie d'une jeune égyptienne, entourée de bandelettes de linge.

www.ingramcontent.com/pod-product-compliance
Lightning Source LLC
Chambersburg PA
CBHW030109230526
45471CB00003B/1326